Träume

Eine theosophische Studie

C. W. Leadbeater

Verlag Heliakon

Verlag Heliakon

Umschlaggestaltung: Verlag Heliakon
Titelbild: Pixabay (LeandroDeCarvalho)

Druck und Vertrieb: BoD - Books on Demand, Norderstedt

www.verlag-heliakon.de
info@verlag-heliakon.de

ISBN: 978-3-949496-42-4

Die Deutsche Nationalbibliothek verzeichnet diese Publikation in der Deutschen Nationalbibliografie; detaillierte bibliografische Daten sind im Internet über dnb.de abrufbar.

Inhaltsverzeichnis

Alle Leser dieser Zeilen haben geträumt, – wahrscheinlich haben viele von ihnen die Gewohnheit, häufig zu träumen; sie werden sich deshalb für einen Versuch interessieren, die Traumerscheinungen im Lichte der theosophischen Untersuchungsmethode zu betrachten und zu erörtern.

Die geeignetste Behandlungsweise wird wohl folgende sein: zuerst eingehender den physischen und astralen Mechanismus zu betrachten, durch den Eindrücke auf unser Bewusstsein übertragen werden; sodann zu sehen, wie das Bewusstsein seinerseits diesen Mechanismus beeinflusst und benutzt; drittens, den Zustand des Bewusstseins und seines Mechanismus während des Schlafes anzugeben; und endlich viertens, zu untersuchen, wie die verschiedenen Arten Träume, welche die Menschen erleben, dadurch hervorgerufen werden.

Der Mechanismus

Der physische Mechanismus

Wir haben in unserm Körper eine große Zentralachse, aus Nerven-Materie bestehend, welche in das Gehirn übergeht. Von dieser Achse laufen durch den Körper Nervenfäden nach jeder Richtung aus.

Diese Nervenfäden sind es, welche der modernen wissenschaftlichen Theorie nach alle Eindrücke von außen vermittelst ihrer Schwingungen dem Gehirn zuführen; und dieses letztere übersetzt nach dem Empfang dieser Eindrücke dieselben in Gefühle und Empfindungen, sodass, wenn ich meine Hand auf einen Gegenstand lege und fühle, dass er heiß ist, es eigentlich nicht meine Hand ist, welche fühlt, sondern mein Gehirn, das auf die Benachrichtigung reagiert, welche ihm durch die Schwingungen übermittelt wurden, die den Telegrafendrähten, den Nervenfäden, entlang laufen.

Es ist wichtig, sich auch dessen zu erinnern, dass alle Nerven der Konstitution nach gleich sind, und dass das besondere Bündel, welches wir den optischen Nerv nennen, das dem Gehirn Eindrücke der Retina des Auges überbringt und uns so befähigt zu sehen, von den Nerven der Hände und Füße sich nur dadurch unterscheidet, dass es im Laufe langer Zeitalter der Entwicklung sich dahin spezialisiert hat, wenige besondere Arten von äußerst schnellen Schwingungen sehr geschickt zu empfangen und zu übermitteln, welche dann für uns als Licht sichtbar werden.

Dasselbe gilt auch für unsere andren Sinnesorgane. Die Gehör-, die Geruch-, die Geschmack-Nerven unterscheiden sich voneinander und von den übrigen nur durch diese Spezialisierung; dem Wesen nach sind sie dasselbe, und ihre Arbeit, dem

Gehirn Schwingungen zu übermitteln, tun sie in genau derselben Weise. – Unser Gehirn nun, welches also der große Mittelpunkt unseres Nerven-Systems ist, wird selbst durch leichte Schwankungen unseres Gesundheitszustandes sofort affiziert, ganz besonders durch solche, welche einen Einfluss auf den Umlauf des Blutes in demselben ausüben.

Wenn der Strom durch die Blutgefäße des Kopfes normal und regelmäßig läuft, befindet sich das Gehirn und damit das ganze Nervensystem in der Lage, in normaler, ordentlicher und wirkungsvoller Weise zu arbeiten; aber jede Änderung in dieser normalen Zirkulation, sei es in Betreff der Menge, der Beschaffenheit oder der Geschwindigkeit, ruft sofort eine entsprechende Wirkung auf das Gehirn hervor, und durch dieses, auf alle Nerven im ganzen Körper.

Wenn z. B. dem Gehirn zu viel Blut zugeführt wird, so tritt eine Überfüllung der Gefäße ein, und damit werden sofort Unregelmäßigkeiten in seiner Tätigkeit hervorgerufen wenn zu wenig, wird das Gehirn (und damit auch das Nervensystem) zuerst überreizt und dann schlafsüchtig (lethargisch).

Die Qualität des zugeführten Blutes ist ebenfalls von großer Wichtigkeit. Während es durch den Körper rinnt, hat es zwei Aufgaben zu vollbringen – Sauerstoff zuzuführen, und den verschiedenen Organen Nahrung zu liefern. Wenn es nun unfähig ist, eine dieser Funktionen normal zu erfüllen, erfolgt eine Störung. Ist die Zufuhr von Sauerstoff zum Gehirn ungenügend, so wird es mit Kohlensäure überladen, und Schwere und Schlafsucht stellen sich bald ein.

Ein gewöhnliches Beispiel hiervon ist das Gefühl der Dumpfheit und Schläfrigkeit, welches uns häufig in einem überfüllten und schlecht ventilierten Räume überkommt.

Infolge der Erschöpfung des Sauerstoffes in dem Raum durch die fortgesetzte Atmung zahlreicher Menschen, erhält das

Gehirn nicht seine nötige Zufuhr, und es ist daher unfähig seine Funktion ordentlich, zu verrichten.

Und weiter – die Geschwindigkeit, mit welcher das Blut durch die Adern rinnt, beeinflusst die Tätigkeit des Gehirns; ist sie zu groß, so ruft sie Fieber hervor, ist sie zu langsam, tritt Schlafsucht ein.

Es ist daher einleuchtend, dass unser Gehirn (durch welches, wie man sich erinnern wird, alle physischen Eindrücke hindurchgehen müssen) sehr leicht gestört, und durch scheinbar unbedeutende Veranlassungen in der richtigen Ausführung seiner Aufgabe mehr oder weniger behindert werden kann, Veranlassungen, welchen wir selbst in der Zeit des Wachens meistens gar keine Aufmerksamkeit schenken, von denen wir aber während des Schlafes sicher nichts bemerken.

Bevor wir weitergehen, ruß noch auf eine Besonderheit dieses physischen Mechanismus hingewiesen werden; dies ist seine bemerkenswerte Neigung, automatisch Schwingungen zu wiederholen, auf die es sich gewöhnt hat, zu reagieren.

Dieser Eigenheit des Gehirns sind alle jene körperlichen Gewohnheiten und Manieren zuzuschreiben, welche vollständig unabhängig vom Willen und oft sehr schwer abzulegen sind; und wie man gleich sehen wird, spielen diese Gewohnheiten in unsrem Leben während des Schlafes eine noch wichtigere Rolle als im Wachen.

Der ätherische Mechanismus

Bisher hatten wir nur das Gehirn in Betracht gezogen; aber nicht nur durch dieses empfängt der Mensch Eindrücke. Genau ihm entsprechend und seine sichtbare Form durchdringend ist sein ätherischer Doppelkörper oder Linga Sharira; und auch dieser hat ein Gehirn, welches in Wirklichkeit nicht weniger materiell ist, als das erstere, wenn es auch aus einer Materie besteht, die noch feiner als die gasförmige ist. Es wird vielleicht angebracht sein, hier ein Wort der Erklärung in Bezug auf den Linga Sharira einzuflechten.

Es war in der theosophischen Literatur üblich, das astrale Gegenstück zum menschlichen Körper mit diesem Namen zu bezeichnen, indem man alles, was jenseits der Grenzen des den physischen Sinnen Erreichbaren liegt, *astral* nannte.

Als nähere Untersuchungen uns jedoch befähigten, im Gebrauch der Ausdrücke genauer zu sein, mussten wir zugestehen, dass ein großer Teil des Unsichtbaren wirkliche physische Materie sei, und sahen uns deshalb veranlasst, den Linga Sharira nicht länger als den astralen, sondern als den ätherischen Doppelkörper zu bezeichnen.

Diese Bezeichnung ist übrigens nur annähernd richtig, da er aus verschiedenen Stufen dieser Materie besteht, welche die Wissenschaft *Äther* nennt, obgleich es sich bei der Untersuchung (Vergl. den Artikel: Okkulte Chemie v. A. Besant in Nr. 9 der „Metaphysischen Rundschau“ 1897) ergibt, dass es nicht eine bestimmte Substanz ist, wie gewöhnlich angenommen wird, sondern ein viel feinerer Aggregatzustand als der gasförmige, in welchen jeder physische Stoff übergeführt werden kann, wenn man die entsprechenden Kräfte auf ihn wirken lässt. Es wird deshalb zukünftig der Ausdruck *ätherischer Doppelkörper* in theosophischen Schriften anstatt Linga Sharira gebraucht werden.

Diese Änderung hat nicht nur das Gute, dass wir jetzt einen Namen haben, der den Charakter dieses Körpers sehr bezeichnend wiedergibt, sondern er wird uns auch von dem häufig wiederkehrenden Missverständnis befreien, welches aus der Tatsache entstand, dass in allen orientalischen Schrif-ten eine vollständig verschiedene Bedeutung mit der früher gebrauchten Bezeichnung verbunden wird. Man muss aber nicht meinen, dass wir durch eine Änderung der Namensbezeichnung eine neue Auffassung proklamieren wollen; wir ändern zum Zweck größerer Genauigkeit die Etikett für etwas tatsächlich in der Natur Vorhandenes!

Wenn wir mit psychischem Sehvermögen den Körper eines neugeborenen Kindes untersuchen, so finden wir es nicht nur von astraler Materie in jedem Dichtigkeitsgrade durchdrungen, sondern auch von den verschiedenen Graden ätherischen Stoffes.

Wenn wir uns die Mühe geben, diese inneren Körper bis zu ihrem Ursprung zurückzuverfolgen, so finden wir im Betreff des letzteren, des ätherischen Doppelkörpers – die Form, in welche der physische Körper hineingebaut ist – dass dieser von den Gehilfen der Beherrscher des Karma (agents of the Lords of Karma) gestaltet wird, während die astrale Materie von dem herabsteigenden Ego (natürlich nicht bewusst, sondern automatisch) beim Durchgang durch die astrale Ebene wieder aufgenommen wurde.

Sie entspricht vollständig dem Grade der Entwicklung in dieser Ebene der Begierden, deren Saat während der Erfahrungen im Devachan im Schlafe lag, denn diese konnte auf letzterer Ebene nicht keimen, da ihr der für das dortige Wirken nötige feine Grad der Materie fehlte.

Nun – dieser ätherische Doppelkörper ist oft das Vehikel von Prana[1] genannt worden, und jeder, der das psychische Sehvermögen entwickelt hat, kann genau sehen, wie diese Bezeichnung der Wirklichkeit entspricht.

Er sieht, wie der Jiva[1], beinahe farblos doch intensiv leuchtend und aktiv, fortgesetzt von der Sonne in die Atmosphäre der Erde überströmt; er sieht, wie seine Milz wunderbar funktioniert, diesen Jiva des Weltalls in sich aufnimmt und ihn zu Prana spezialisiert, sodass er besser vom Körper aufgenommen werden kann; wie er dann überall durch den Körper läuft, jedem Nervenfaden entlang in winzigen Kügelchen mit lieblich rosigem Schein, und bewirkt, dass die Wärme des Lebens, der Gesundheit und der Tätigkeit jedes Atom des ätherischen Doppelkörpers durchdringe, wie die rosenfarbenen Partikelchen absorbirt werden, und der überschüssige Prana endlich von dem Körper nach jeder Richtung in bläulich weißem Lichte ausstrahlt.

Wenn er die Tätigkeit dieses Prana weiter untersucht, wird es ihm bald einleuchten, dass die Übermittelung der Eindrücke nach dem Gehirn mehr von dem regelmäßigen Strömen desselben in den ätherischen Teil der Nervenfaden abhängt, als von den bloßen Schwingungen ihrer dichteren und sichtbaren Teilchen, wie gewöhnlich angenommen wird.

Es würde zu viel Raum in Anspruch nehmen, wenn wir alle die Versuche einzeln darlegen wollten, durch welche diese Theorie gestützt wird, aber die Erwähnung des einen oder andern wird genügen, um die Richtung anzugeben, in welcher sie angestellt worden sind.

Wenn ein Finger vor Kälte ganz erstarrt ist, hat er kein Gefühl mehr; dieselbe Erscheinung der Gefühlslosigkeit kann

---

1) Prana = spezielle Lebenskraft im Menschen.

2) Jiva = die allgemeine Lebenskraft unseres Sonnensystems.

leicht durch einen Magnetiseur nach Wunsch dadurch hervorgerufen werden, dass er einige Striche über den Arm seines Patienten macht und ihn dadurch in eine Verfassung versetzt, dass er mit einer Nadel gestochen oder mit einer Lichtflamme gebrannt werden kann, ohne dass er den leisesten Schmerz fühlt.

Weshalb fühlt denn nun die Person in beiden Fällen nichts?

Die Nervenfäden sind noch da, und wenn auch im ersten Fall zugestanden werden mag, dass ihre Tätigkeit durch Kälte und durch Abwesenheit des Blutes in den Gelassen paralysiert wird, so kann dies sicher nicht der Grund im zweiten Fall sein, wo der Arm seine normale Temperatur behält, und das Blut, wie gewöhnlich zirkuliert.

Wenn wir den Hellsehenden zur Hilfe rufen, können wir einer richtigen Erklärung näherkommen, – denn er wird uns mitteilen, dass der tote Finger erstorben scheint und das Blut nicht durch die Gefäße rinnen kann, weil der rosige Lebensäther nicht mehr an den Nervenfäden entlang fließt; denn man muss bedenken, dass wenn auch der Stoff im Äther-Zustand unsichtbar ist, er doch rein materiell ist und deshalb von Hitze und Kälte affiziert werden kann.

Beim zweiten Fall wird er uns erklären, dass, wenn der Magnetiseur die Striche macht, durch welche der Arm gefühllos wird, er in Wirklichkeit seinen eignen Nerven-Äther (oder Magnetismus, wie er häufig genannt wird), in den Arm überströmen lässt und dadurch den des Patienten so lange zurückdrängt.

Der Arm ist noch warm und lebend, weil noch Lebens-Äther durch ihn kursiert, aber da es nicht mehr der eigene spezialisierte Lebens-Äther des Patienten ist, und er nicht mit seinem Gehirn *en rapport* ist, so überbringt er keine Nachrichten an dieses Gehirn, und er hat deshalb kein Gefühl in dem Arme. Hiernach scheint es bewiesen, dass wenn es auch nicht eigentlich der Prana selbst ist, der dies Überbringen der Eindrücke von außen auf das menschliche Gehirn ausführt, seine Gegenwart, und zwar in der durch den Menschen selbst spezialisierten Form, nötig ist, wenn die Übertragung an den Nervenfäden entlang vor sich gehen soll.

Gerade wie nun jede Änderung in der Zirkulation des Blutes die Empfänglichkeit der dichteren Gehirnmasse beeinflusst, und dadurch die Zuverlässigkeit der durch diese vermittelten Eindrücke modifiziert, so wird der Zustand des ätherischen Teiles des Gehirns durch jede Änderung in der Menge und in der Geschwindigkeit dieses Lebensstroms beeinflusst.

Z. B. wenn die Menge des durch die Milz spezialisierten Prana aus irgendwelchem Grunde unter den Durchschnitt fällt, fühlt man sofort physische Müdigkeit und Schwäche, und wenn unter diesen Umständen zufällig die Geschwindigkeit der Zirkulation derselben sich steigert, wird der Mensch in hohem Grade sensitiv und erregbar und vielleicht sogar hysterisch.

In einem solchen Zustande ist er häufig für psychische Eindrücke empfindlicher, als er es im normalen Zustand ist, und so kommt es häufig vor, dass er Visionen und Erscheinungen sieht, die für seine robusteren Mitmenschen nicht sichtbar sind.

Wenn andererseits die Menge und Geschwindigkeit des Prana beide gleichzeitig herabgemindert sind, empfindet der Mensch eine starke Mattigkeit, wird unempfänglicher gegen äußere Eindrücke und hat ein allgemeines Gefühl, als sei er zu schwach, um sich um das zu kümmern, was mit ihm passiert.

Man muss nicht vergessen, dass die ätherische Materie, von der wir gesprochen haben, und die dichtere Materie, aus der nach der gewöhnlichen Ansicht das Gehirn allein besteht, beides wirklich Teile eines und desselben physischen Organes sind, und dass keiner angegriffen werden kann, ohne sofort auch eine Wirkung auf den andern auszuüben.

In Folge dessen ist nur dann Sicherheit vorhanden, dass Eindrücke durch diesen Mechanismus genau übermittelt werden, wenn beide Teile normal und regelmäßig arbeiten.

Irgendeine Unregelmäßigkeit in einem der Teile schwächt oder stört seine Empfänglichkeit sofort, sodass getrübte und verzerrte Bilder von allen Eindrücken, die sich ihm bieten, entstehen. Im Schlaf ist er sogar, wie wir gleich sehen werden, noch viel mehr als im Wachen zu solchen Irrungen geneigt.

Der astrale Mechanismus

Wir haben noch einen Mechanismus in Betracht zu ziehen, den astralen, welcher oft der kamische oder Begierdenkörper genannt wird.

Wie sein Name schon sagt, ist dies Vehikel ausschließlich aus astraler Materie zusammengesetzt. Er ist in Wirklichkeit die Erscheinungsform des Menschen auf der astralen Ebene, gerade wie sein dichterer, physischer Körper seine Erscheinungsform auf den niedrigeren Stufen der physischen Ebene ist.

Nebenbei gesagt, der theosophische Forscher wird sich viele Mühe ersparen, wenn er sich daran gewöhnt, diese verschiedenen Vehikel einfach als die sich betätigenden Äußerungen (Selbstdarstellungen) des Ego auf den verschiedenen Ebenen anzusehen.

Wenn er z. B. sich klar macht, dass der Karana Sharira oder Kausal-Körper (manchmal auch die eiförmige Aura genannt) das wirkliche Vehikel des sich verkörpernden Egos ist, und dass dieses so lange von ihm bewohnt wird, als es auf dieser Ebene, seiner wahren Heimat, den körperlosen (arupa) Stufen des Devachans verweilt, und dass er sich beim Herabsteigen auf die körperbildenden (rupa-) Stufen in deren Materie hüllt, um sich auf ihnen betätigen zu können, und dass die Materie, welche er so zu sich heranzieht, seinen devachanischen Körper oder Geistkörper bildet.

Ebenso, wenn er auf die Astralebene herabsteigt, formt er seinen Astral- oder Kamischenkörper aus dessen Materie, obgleich er seine anderen Körper selbstverständlich beibehält; und bei seinem weiteren Herabsteigen auf die allerniedrigste Ebene, wird der physische Körper in Mitten der eiförmigen Aura gebildet, welche so den vollständigen Menschen enthält.

Dies astrale Vehikel nun ist empfindlicher gegen äußere Eindrücke als der materielle und der ätherische Körper; es ist eben der Sitz aller Wünsche und Erregungen, – das verbindende Glied, durch welches das Ego allein Erfahrungen aus seinem physischen Leben sammeln kann. Es ist besonders empfänglich für den Einfluss vorüberziehender Gedankenströme, und wenn die Vernunft (Manas) es nicht tatkräftig im Zaume hält, empfängt es fortgesetzt diese Antriebe von außen und reagiert eifrig darauf. Und auch dieser Mechanismus wird, wie die anderen, während des Schlafes des physischen Körpers leichter beeinflusst.

Dass dies so ist, kann man häufig beobachten. Ein gutes Beispiel dafür wurde kürzlich dem Verfasser erzählt, wonach ein früherer Trinker die Schwierigkeiten beschrieb, welche seiner Besserung im Wege standen. Er teilte mit, dass es ihm nach einer langen Periode vollständiger Enthaltsamkeit gelungen sei, das physische Verlangen nach Alkohol gründlich auszurotten, sodass er im Wachen einen vollständigen Abscheu davor empfand; dennoch träumte ihm häufig, dass er tränke, und in diesen Träumen fühlte er das alte, schreckliche Vergnügen an solcher Herabwürdigung.

Also wurde augenscheinlich sein Kama tagsüber durch den Willen im Zaum gehalten, und zufällige Gedanken-Formen oder vorüberziehende Elementar-Wesen waren nicht imstande irgendeinen Eindruck auf ihn zumachen; aber wenn der Astralkörper im Schlafe frei wurde, entschlüpfte er bis zu einem gewissen Grade der Herrschaft des Egos, und seine natürliche äusserst lebhafte Empfänglichkeit erfasste ihn auf's Neue so energisch, dass er wieder eifrig auf diese niedrigen Einflüsse reagirte.

Er gab sich in der Einbildung wieder dem schändlichen Vergnügen der abscheulichen Ausschweifung hin.

Das Ego

Das Ego

Alle diese verschiedenen Teile des Mechanismus sind in Wirklichkeit nur Werkzeuge des Ego, obgleich seine Beherrschung derselben häufig noch sehr unvollkommen ist, denn man darf nicht vergessen, dass das Ego selbst ein sich entwickelndes Wesen ist, und dass es bei uns meistens kaum mehr als ein Keim von dem ist, was es einst werden soll.

Ein Vers in dem Buche „Dzyan" sagt:

Diejenigen, welche nur einen Funken erhielten, blieben noch ohne Erkenntnis, der Funke brannte niedrig und Frau Blavatsky erklärt dies folgendermaßen: *Diejenigen, die nur einen Funken erhielten, bilden die durchschnittliche Menschheit, welche ihren Verstand während der jetzigen Manvantara (Erdperiode) zu entwickeln hat* (Secret Doctrine II 177). *Bei den meisten von ihnen ist der Funke noch im Glimmen, und es wird manches Zeitalter dauern, bis er es im langsamen Fortschritt zu einer stetigen und leuchtenden Flamme gebracht hat.*

Zweifellos kommen Stellen in der theosophischen Literatur vor, aus welchen hervorzugehen scheint, dass unser höheres Ego keine Entwicklung braucht, da es schon vollkommen und Gott gleich auf seiner eignen Ebene ist, aber wo diese Ausdrücke gebraucht worden sind, und was auch immer die sonst benutzte Terminologie sein mag, so kann man diese Aussprüche nur für den Atma anwenden, den wahren Gott in uns, welcher sicher weit über die Notwendigkeit irgendeiner Art solcher Entwicklung erhaben ist, von der wir uns irgendeine Vorstellung machen können. Das sich wieder verkörpernde Ego entwickelt sich ganz unzweifelhaft; und den Prozess seines Fortschritts können diejenigen sehr deutlich sehen, welche ihren hellseherischen Blick so weit entwickelt haben, um das erfassen zu können, was auf den Arupa Stufen des Devachan vor sich geht.

Wie schon bemerkt, aus der Materie dieser Ebene – wenn man es noch Materie nennen darf – besteht der vergleichsweise unvergängliche Körper, welchen das Ego von Geburt zu Geburt bis zum Ende des Manvantara beibehält. Aber obgleich jedes individualisierte Wesen notwendig einen solchen Körper haben muss – da ohne den Besitz eines solchen eine Individualisierung nicht stattfinden könnte, so ist sein Aussehen keineswegs in allen Fällen gleich.

Im Alltags-Menschen zum Beispiel können selbst solche, welche den Blick haben, der ihnen die Geheimnisse jener Ebene entschleiert, ihn kaum unterscheiden, denn er ist nur ein feines farbloses Häutchen (film) – anscheinend eben genügend substanziell, um zusammenzuhalten und eine sich wiederverkörpernde Individualität zu bilden, aber nicht mehr. Sobald aber der Mensch beginnt, geistige Kräfte oder auch nur höheren Intellekt zu entwickeln, tritt eine Veränderung ein.

Das spezielle Individuum beginnt dann einen dauernden eigenen Charakter zu besitzen, unterschieden von dem, welcher sich in jedem seiner aufeinanderfolgenden Persönlichkeiten durch Gewohnheit und Umgebung bildete; und dieser Charakter zeigt sich in Größe, Farbe, Helligkeit und Bestimmtheit des Kausalkörpers, gerade wie derjenige der Persönlichkeit im Geistkörper, abgesehen davon, dass dieses höhere Vehikel natürlich von feinerer Art und schöner ist.

Noch in einer andern Hinsicht unterscheidet es sich glücklicherweise von den niedrigeren Körpern, und zwar dadurch, dass kein Unrecht irgendeiner Art sich durch ihn kundgeben kann.

Auf dieser Ebene kann der schlechteste Mensch sich nur als eine vollständig unentwickelte Wesenheit darstellen, seine

Laster können diese höhere Hülle nicht beschmutzen, selbst wenn er Leben auf Leben sich ihnen hingegeben hat; sie können es nur schwieriger und schwieriger machen, aus ihnen die entgegengesetzten Tugenden zu entwickeln.

Andrerseits wirkt Ausdauer auf dem rechten Wege sehr bald auf den Kausalkörper, und bei einem Schüler, welcher einige Fortschritte auf dem Pfade der Vervollkommnung gemacht hat, ist sein Anblick wundervoll und lieblich über alle irdischen Begriffe, während derjenige eines Adepten eine großartige Sphäre lebenden Lichtes darstellt, deren strahlende Glorie kein Wort je beschreiben kann.

Derjenige, der nur einmal ein so erhabenes Schauspiel wie dieses erschaut hat und der andrerseits um sich her Individuen erblickt, auf allen Stufen der Entwicklung, zwischen dieser und der des farblosen Häutchens des gewöhnlichen Menschen, der kann über die Entwicklung des sich wiederverkörpernden Egos nie einen Zweifel verspüren!

Die Macht, welche das Ego über seine verschiedenen Werkzeuge hat, ist natürlich in den Anfangsstufen nur klein. Weder seine Geisteskräfte noch seine Leidenschaften stehen vollständig unter seiner Herrschaft; ja der Durchschnittsmensch macht kaum eine Anstrengung, sie zu beherrschen, sondern er lässt sich hin und her treiben, wie gerade seine niedrigen Gedanken oder Begierden es ihm eingeben. Infolge dessen sind im Schlaf die verschiedenen erwähnten Mechanismen imstande, fast ganz nach Belieben, ohne Zusammenhang mit dem Ego sich zu betätigen. Die Stufe der Entwicklung ist deshalb einer der Faktoren, welche wir bei der Behandlung der Traumfrage in Betracht zu ziehen haben.

Ebenfalls wichtig ist es für uns, den Antheil festzustehen, welchen dies Ego an der Bildung von Vorstellungen von äußeren Gegenständen hat. Wie wir wissen, sind es nur Eindrücke, welche die Schwingungen der Nervenfäden dem Gehirn überbringen; und es ist die Aufgabe des Ego, vermittelst des Verstandes sie zu klassifizieren, sie in Verbindung und in richtige Ordnung zu bringen.

Zum Beispiel, wenn ich aus dem Fenster sehe und ein Haus und einen Baum erblicke, so erkenne ich sie sofort als das, was sie sind, und doch stimmt der Bericht, den mir meine Augen bringen, durchaus nicht mit dem, was ich erkenne. Was wirklich vor sich geht, ist dies: gewisse Lichtstrahlen – das sind in gewisser, spezieller Art schwingende Ätherströme – werden von diesen Gegenständen zurückgeworfen, und treffen retina meines Auges, und die sensitiven Nervenfäden überbringen diese Schwingungen nach dem Gehirn. Und was haben sie nun zu berichten?

Die ganze Nachricht, die sie in Wirklichkeit mitzuteilen haben, ist, dass sich dort ein Körper befindet, welcher von einer gewissen Gestalt zu sein scheint, und gewisse Lichtwellen reflektiert, (he auf uns den Eindruck einer gewissen Farbe hervorrufen. Der Verstand ist es, welcher aus früherer Erfahrung die Fähigkeit schöpft, zu entscheiden, dass ein bestimmter viereckiger, weißer Gegenstand ein Haus ist, und ein anderer, runder, grüner ein Baum, und wahrscheinlich beide so und so weit von mir entfernt sind.

Eine Person, die blind geboren ist und durch eine Operation erst das Augenlicht erhalten hat, weiß eine Zeit lang nicht, was die Gegenstände sind, welche sie sieht, noch kann sie deren Abstand von ihr beurteilen.

Dasselbe gilt von einem Kindchen, denn wir sehen oft, dass es nach begehrenswerten Gegenständen, wie z. B. den Mond, greift, welche weit aus seinem Bereich liegen, aber wenn es größer wird, lernt es unbewusst durch wiederholte Erfahrung instinktiv die wahrscheinliche Entfernung und Größe der Dinge zu beurteilen, die es sieht. Ja selbst erwachsene Menschen können sehr leicht über die Entfernungen und infolge dessen über die Größe eines ungewöhnlichen Gegenstandes getäuscht werden, besonders bei unbestimmtem oder Dämmerlicht.

Wir begreifen also, dass das Sehen allein keineswegs zum genauen Verständnis genügt, sondern dass eine Kritik des Ego über das Erblickte mittelst des Verstandes ausgeübt werden muss. Wir sehen ferner, dass diese Kritik kein dem Verstände angeborener Instinkt ist, der gleich anfangs vollkommen ist, sondern dass sie das Resultat unbewussten Vergleiches zahlloser Erfahrungen darstellt – Punkte, welche wir sorgfältig im Auge behalten müssen, wenn wir zum nächsten Theil unseres Gegenstandes kommen.

Ihr Verhalten während des Schlafes

Sehr häufig wiederholte Beobachtungen mittelst hellseherischen Blickes haben die Tatsache festgestellt, dass, wenn der Mensch in tiefen Schlaf verfällt, die höheren Prinzipien sich regelmäßig vom Körper trennen und in seiner unmittelbaren Nähe schweben. Bei der Betrachtung der Vorgänge des Traumes müssen wir diese Tatsache ebenfalls ins Auge fassen und sehen, wie sie auf das Ego und seine verschiedenen Mechanismen wirkt. – In dem Fall, den wir prüfen wollen, nehmen wir an, dass sich unser Versuchsobjekt in tiefem Schlaf befindet; der physische Körper mit seinem in Wirklichkeit unzertrennlichen Begleiter, dem ätherischen Doppelkörper ruhig im Bett hegt, während das Ego in seinem Astralkörper in gleichmäßiger Ruhe über ihm schwebt. Wie gestaltet sich unter diesen Umständen der Zustand und das Bewusstsein der verschiedenen Prinzipien?

1. Das Gehirn

Wenn das Ego für diese Zeit auch darauf verzichtet hat, das Gehirn unter Kontrolle zu halten, so verliert das letztere doch nicht ganz sein Bewusstsein, wie man vielleicht erwarten sollte. Es geht augenscheinlich aus verschiedenen Versuchen hervor, dass der physische Körper eine Art eignen dumpfen Bewusstseins besitzt, abgesehen von dem des wirklichen Selbst und von der bloßen Summe des Bewusstseins der einzelnen Zellen. Der Verfasser hat mehrere Male die Wirkung dieses Bewusstseins beobachtet, wenn jemandem nach Einatmen von Gas der Zahn gezogen wurde. Der Körper stößt einen unbewussten Schrei aus, fährt mit den Händen unwillkürlich nach dem Mund und zeigt dadurch, dass er bis zu einem gewissen Grad den Ruck fühlt, und doch erklärt das Ego, wenn es vielleicht 20 Sekunden nachher wieder von ihm Besitz ergreift, es selbst habe absolut nichts von der Operation gefühlt. Dieses Bewusstsein, wie es nun sein mag, ist noch im physischen Gehirn tätig, obgleich das Ego über ihm schwebt, aber sein Begriffsvermögen ist natürlich weit schwächer als das des Menschen selbst, und infolge dessen ist alles, was wie oben erwähnt, geeignet ist, auf die Tätigkeit des Gehirns zu wirken, jetzt in der Lage, weit umfassenderen Einfluss auf dasselbe auszuüben.

Die leiseste Änderung in dem Zufluss oder Umlauf des Blutes ruft jetzt die gewichtigsten Unregelmäßigkeiten in der Tätigkeit hervor; daher kommt es, dass Verdauungsbeschwerden so häufig unruhigen Schlaf und böse Träume verursachen, da sie auf den Lauf des Blutes einwirken.

Aber auch wenn nicht gestört, hat dieses seltsame, dumpfe Bewusstsein manche bemerkenswerte Eigentümlichkeit. Seine Tätigkeit scheint in einem hohen Grade automatisch zu sein, und das Ergebnis ist gewöhnlich unzusammenhängend, sinnlos, ja hoffnungslos verwirrt. Es scheint unfähig einen Gedanken zu fassen, außer in der Form einer Szene, in welcher er selbst als Mitspieler auftritt, und daher werden alle inneren und äußeren Reize sofort in lebende Bilder übersetzt.

Es ist unfähig, abstrakte Bilder oder Erinnerungen als solche aufzufassen, sie werden augenblicklich zu wahrgenommenen Fantasiebildern. Wenn man z. B. diesem Bewusstsein den Gedanken des Ruhmes suggeriert, so könnte dieser Gedanke nur als die Vision irgendeiner ruhmreichen Persönlichkeit, welche dem Träumer erscheint, in diesem Bewusstsein auftreten. Wenn irgendein Gedanke des Gehasstwerdens das Bewusstsein durchkreuzt, könnte dieser nur als eine Szene erfasst werden, in welcher irgendeine eingebildete Person heftigen Hass gegen den Schläfer zeigt.

Andrerseits wird jede Richtung des Gedankens auf eine bestimmte Örtlichkeit, für dieses Gehirn eine wirkliche Ortsveränderung. Wenn wir im Wachen an China oder Japan denken, ist unser Gedanke sofort, so zu sagen, in diesen Ländern, aber trotzdem sind wir uns vollkommen bewusst, dass unser physischer Körper nur dort ist, wo er den Augenblick vorher war. In dem Zustand des Bewusstseins, den wir jetzt betrachten, ist jedoch kein kritisches Ego da, um die unmittelbaren Eindrücke ins Gleichgewicht zu bringen. Jeder kommende Gedanke an China oder Japan kann sich nur als eine tatsächliche, augenblickliche Überführung nach diesen Ländern darstellen, und der Träumer glaubt sich plötzlich dort zu befinden, umgeben von so vielen entsprechenden Nebendingen, wie er zufällig im Gedanken behalten hat.

Es ist schon oft bemerkt worden, dass dieses plötzliche Hinversetzen im Traume sehr häufig vorkommt, aber dass der Schläfer von dieser Plötzlichkeit niemals überrascht erscheint. Diese Erscheinung ist leicht zn erklären, wenn wir sie im Licht der soeben angestellten Beobachtungen betrachten; denn das Bewusstsein des physischen Gehirns als solches, kann kein derartiges Gefühl, wie Überraschung empfinden; es fängt einfach die Bilder auf, wie sie vor ihm erscheinen, es kann aber nicht beurteilen, ob sie folgerichtig sind oder nicht.

Eine andere Quelle der außerordentlichen Verwirrung, welche wir in diesem Halbbewusstsein finden, ist die Art und Weise, wie das Gesetz der Gedankenassoziation in ihm wirkt. Die wunderbare, momentane Wirkung dieses Gesetzes im Wachen ist uns allen bekannt.

Ein einziges, zufälliges Wort – eine Melodie – selbst der Geruch einer Blume – kann hinreichen, um eine Kette lang vergessener Tatsachen ins Gedächtnis zurückzurufen. Im Schlafe nun ist das Gesetz ebenso tätig, aber es wirkt unter besonderen Bedingungen. Jede solche Reihe von Gedanken, ob abstrakt oder konkret, wird zu einer Reihe von Bildern.

Wie nun die Assoziationen der Gedanken oft nur dadurch hervorgerufen werden, dass die betreffenden Ereignisse der Zeit nach sich aneinanderreihten, trotzdem sie in sich gar keinen Zusammenhang miteinander hatten, so wird es leicht klar werden, dass eine unauflösbare Verwirrung in diesen Bildern die Folge sein muss, denn die Zahl derselben ist in Wirklichkeit unbegrenzt; alles, was nur aus dem riesigen Vorrat des Gedächtnisses entnommen werden kann, wird zum Bilde. Selbstverständlich ist eine Reihenfolge solcher Bilder selten vollkommen ins Gedächtnis zurückzurufen, weil kein Zusammenhang vorhanden ist, um dabei zu helfen.

Gerade wie es leichter wird, im Wachen einen zusammenhängenden Satz oder den Vers eines Gedichtes bei nur einmaligem Hören im Gedächtnis zu behalten, während es ohne ein mnemotechnisches System fast unmöglich ist, genau einen Haufen sinnloser Wörter festzuhalten. Eine andere Eigenart dieses merkwürdigen Gehirn-Bewusstseins ist, dass es sich auffallend empfänglich zeigt, für die leisesten äußeren Einflüsse, wie für Töne und Berührungen und sie noch vergrößert und bis zu einem unglaublichen Grade übertreibt.

Alle Schriftsteller über Träume führen hierfür Beispiele an, und jeder wird ja gewiss selbst einige kennen, wenn er diesem Gegenstand etwas Aufmerksamkeit gewidmet hat. Es sei hier an einige häufig erzählte Traumgeschichten erinnert, so an die von dem Manne, der beängstigt träumte, er würde gehängt, während sein Kragen zu eng war, ein anderer übertrieb das Prickeln einer Nadel in einen verhängnisvollen Stich bei einem Duell; noch ein anderer übersetzte ein leises Kneifen in den Biss eines wilden Tieres.

Maury erzählt, dass ein Teil am Kopfende seines Bettgestelles sich löste, auf seinen Nacken fiel und ihn dabei leicht traf; dennoch rief diese leise Berührung einen schrecklichen Traum von der französischen Revolution hervor, in welchem er glaubte, auf der Guillotine zu enden. Ein anderer Schriftsteller erzählt uns, dass er häufig aus dem Schlaf erwache mit einer Erinnerung an verwirrte Träume, voll von Lärm, von lauten Tönen und donnerähnlichen Geräuschen und dass er lange Zeit nicht imstande gewesen sei, deren Ursprung zu entdecken. Endlich habe er herausgefunden, dass sie aus dem summenden Geräusch im Ohr entständen (welches vielleicht durch den Umlauf des Blutes hervorgerufen wird), während es auf dem Kissen liegt, ein Geräusch, das sehr an das Sausen einer Muschel erinnert, wenn man sie an das Ohr hält.

Es wird jetzt einleuchten, dass allein schon aus dem körperlichen Gehirn viele Verwirrungen und Übertreibungen herstammen, die wir bei den Träumen finden, aber dieses ist nur einer der Faktoren, die wir zu betrachten haben.

2. Das ätherische Gehirn

Man kann sich leicht vorstellen, dass dieser Teil des Organismus, welcher selbst während des Wachens auf jeden Einfluss reagiert, im Zustande des Schlafes noch empfänglicher sein muss.

Wenn ihn ein Hellsehender unter diesen Umständen untersucht, so sieht er, dass Ströme von Gedanken fortwährend durch dasselbe hindurchziehen, nicht seine eigenen Gedanken – denn es selbst hat keine Fähigkeit zu denken – sondern die zufälligen Gedanken anderer, welche immer um uns herum fluten.

Okkultistische Forscher sind sich darüber klar, dass es wirklich wahr ist, dass *Gedanken Dinge sind*, denn jeder Gedanke bildet eine Form aus plastischer, elementarischer Materie und ruft ein vorübergehend lebendes Wesen hervor, dessen Lebensdauer von der Kraft des ihm gegebenen (Gedanken-) Antriebes abhängt. Wir leben so zu sagen, mitten in einem Ozean von Gedanken anderer Menschen, und ob wir schlafen oder wachen, sie bieten sich ununterbrochen unserm ätherischen Gehirn dar.

Solange wir aktiv denken und daher unser ätherisches Gehirn voll beschäftigt bleibt, ist es unzugänglich für den fortwährenden Anstoß der Gedanken von außen, aber sobald wir es unbeschäftigt lassen, beginnt der Strom des zusammenhangslosen Chaos es zu durchfluten.

Die meisten Gedanken strömen getrennt, ohne Anregung zu geben, und fast unmerklich durch, aber dann und wann kommt einer daher, welcher Schwingungen erweckt, an die das ätherische Gehirn gewöhnt ist, sofort greift dies Gehirn ihn auf, vertieft sich in ihn und macht ihn sich zu eigen.

Dieser Gedanke regt seinerseits einen andern an und so entwickelt sich eine ganze Gedankenreihe, bis sie allmählich sich wieder auflöst und der unzusammenhängende, zwecklose Strom wieder anfängt, durch das Gehirn zu ziehen. Wenn die große Mehrheit der Menschheit genau beachten würde, was sie gewöhnlich ihre Gedanken nennt, würde sie finden, dass sie zum großen Teil aus solchen zufälligen Gedankenstrom herstammt – dass es in Wahrheit gar nicht ihre Gedanken sind, sondern einfach der abgetane Geistes-Hausrat anderer Menschen.

Der gewöhnliche Mensch scheint gar keine Kontrolle über seine Gedanken zu haben, er weiß kaum, an was er in einem bestimmten Augenblick denkt, oder weshalb er daran denkt; anstatt seinen Geist auf irgendeinen bestimmten Punkt zu richten, erlaubt er ihm, nach seinem Behagen umher zu schwärmen oder er lässt ihn brach liegen, sodass irgendein zufälliger Same, vom Wind herbei geführt, keimt und zur Reife gelangt.

Die Folge davon ist, dass gerade wenn er wirklich einmal wünscht, konsequent einen besonderen Gedanken durchzudenken, er erst merkt, dass es ihm völlig unmöglich ist. Alle Art Gedankenschwärme strömen ungebeten auf ihn ein, und da er in der Kontrolle seines Geistes ganz ungeübt ist, so ist es ihm auch ganz unmöglich, den Strom zu hemmen.

Solch eine Persönlichkeit weiß gar nicht, was ein konzentrierter Gedanke wirklich ist, und es ist gerade dieser äußerste Mangel an Konzentration, diese Schwäche des Gedankens und Willens, was die ersten Stufen der okkulten Entwicklung für den Durchschnittsmenschen so schwierig macht. Da andererseits bei der heftigen Entwicklung der Welt mehr schlechte als gute Gedanken in der Welt um ihn her fluten, so macht ihn diese Schwäche für alle Arten Versuchungen zugänglich, denen er bei etwas Sorgfalt und Anstrengung widerstanden hätte!

Im Schlaf ist also das ätherische Gehirn noch etwas mehr als gewöhnlich diesen Gedankenströmen auf Gnade oder Ungnade überlassen, da das Ego während dieser Zeit in weniger inniger Beziehung mit ihm sich befindet. Eine merkwürdige Tatsache ergab sich aus einigen kürzlich angestellten Versuchen: Wenn durch irgendwelche Mittel das ätherische Gehirn gegen diese Ströme abgeschlossen wird, bleibt es nicht vollständig untätig, sondern fängt sehr langsam und träumerisch an, Bilder aus seinem Vorrat von Erinnerungen zu entwickeln.

Ein Beispiel hierfür wird später gegeben werden, wenn einige dieser Versuche zur Besprechung kommen.

3. Der Astralkörper

Wie schon erwähnt, funktioniert in diesem Vehikel das Ego während des Schlafes und diejenigen, deren inneres Auge geöffnet ist, können ihn gewöhnlich über dem, im Bett liegenden, physischen Körper schweben sehen. Sein Aussehen ist jedoch sehr verschieden, je nach der Stufe der Entwickelung, welche dessen Ego erreicht hat.

Beim gänzlich unentwickelten und ungebildeten Menschen ist es nur ein schwebender Nebelring, von unbestimmter Gestalt, empfänglich nur für rohere und heftigere kamische Schwingungen, und unfähig sich weiter als einige Meter von seinem physischen Körper zu entfernen. Aber schreitet die Entwickelung fort, so wird er in den Umrissen bestimmter, und mehr und mehr zu einem vollkommenen Ebenbilde des physischen Körpers unter ihm.

Seine Empfänglichkeit wächst gleichzeitig, bis er auf alle Schwingungen seiner Ebene, auf die feinen und schönen, wie auch auf die mehr unedlen augenblicklich zu reagieren vermag: während natürlich in dem Astralkörper eines hoch entwickelten Menschen sich keine Materie mehr befindet, die noch roh genug ist, um den Anregungen letzterer Art Folge zu geben.

Seine Fähigkeit, sich frei zu bewegen, wird ebenfalls größer; er kann sich ohne Schwierigkeit auf beträchtliche Strecken aus seinen physischen Fesseln entfernen, und kann mehr oder weniger bestimmte Eindrücke von Orten zurückbringen, die er besuchte, oder von Menschen, die er dort angetroffen.

Aller Arten Gedanken und Einflüsterungen von Begierden machen auch unter diesen Umständen auf den kamischen Körper tiefen Eindruck, wenn auch in manchen Fällen diese Begierden und Wünsche, die leicht Wiederhall in ihm wachrufen, etwas höher sein mögen, als gewöhnlich.

4. Das Ego

So sehr sich auch der Zustand des Astralkörpers während des tiefen Schlafes, je nach dem erreichten Grade der Entwickelung ändert, – der des inneren Ego ändert sich noch mehr. Wo der Erstere nur ein schwebender Nebelring ist, schläft das Ego fast eben so sehr, wie der Körper unter ihm.

Es ist blind für die Bilder, und taub für die Stimmen seiner eigenen höheren Ebene, und selbst, wenn ein Gedanke aus dieser Region zufällig zu ihm gelangen sollte, so würde er nicht imstande sein, ihn seinem physischen Gehirn einzuprägen, sodass es sich desselben beim Erwachen erinnert, da es keine Herrschaft über seine Mechanismen besitzt. – Wenn ein Mensch in diesem primitiven Zustande sich an irgendetwas von dem erinnert, was in ihm während des Schlafes vorgegangen ist, so ist dies fast ohne Ausnahme das Ergebnis physischer Eindrücke, welche das Gehirn von außen oder von innen erfahren hat, irgendein etwaiges Erlebnis seines wirklichen Ego ist vergessen.

Bei Schlafenden kann man alle Grade des Bewusstseins auf der Astralebene beobachten, vom vollständigen Vergessen bis zum klaren, vollkommenen Erinnern, wenn auch dies Letztere verhältnismäßig selten ist. Selbst wenn ein Mensch genügend entwickelt ist, um öftere, wichtige Erfahrungen in seinem höheren Leben zu machen, kann er doch (und wird er auch oft) nicht im Stande sein, sein ätherisches Gehirn so weit zu beherrschen, um den Strom unzusammenhängender Gedanken-Bilder zurückzudämmen; das Gehirn wird sich mit diesen beschäftigen, anstatt mit dem, was er im Gedächtnis zu behalten wünscht, und so wird er beim Erwachen von dem, was er erlebt, nur eine sehr verworrene, oder gar keine Erinnerung mehr haben.

Und dies ist sehr schade, denn er kann dort Vielem begegnen, was für ihn von hohem Interesse und größter Wichtigkeit ist. Nicht nur kann er entfernte Gegenden von überwältigender Schönheit besuchen, sondern er kann auch lebende oder abgeschiedene Freunde antreffen, und mit ihnen Gedanken austauschen, Freunde, bei welchen zufällig ebenfalls das Bewusstsein auf der astralen Ebene erwacht ist.

Er kann das Glück haben solche anzutreffen, die vielmehr wissen, als er selbst; er kann Warnungen und Belehrungen von ihnen empfangen; er kann anderseits das Glück haben, solchen zu helfen, oder Freude bereiten zu können, welche weniger als er selbst wissen. Er kann in Berührung mit nicht menschlichen Wesenheiten verschiedener Art kommen, – mit Naturgeistern, künstlichen Elementarwesen, oder selbst, wenn auch selten, mit hoch entwickelten Geistern; er wird aller Art Einflüssen unterworfen sein, guten und schlechten, stärkenden und schreckenden.

Aber, ob er beim Erwachen eine Erinnerung bewahrt oder nicht, das Ego, welches auf der astralen Ebene volles oder auch teilweises Bewusstsein besitzt, beginnt dann sein Besitztum von Kräften zu verwerten, die weit über diejenigen hinausgehen, über die es im äußeren Leben verfügt, denn sein Bewusstsein hat wunderbare Fähigkeiten, sobald es auf solche Weise vom physischen Körper befreit wird.

Sein Zeit- und Raummaß ist so vollständig verschieden von dem, welches wir im wachenden Dasein benutzen, dass es von unserm Gesichtspunkt aus erscheint, als wenn für ihn weder Zeit noch Baum existierten. Obgleich es außerordentlich interessant wäre, will ich doch nicht hier die Frage behandeln, ob man sagen kann, dass überhaupt Zeit existiert, oder ob sie nur eine Bedingung für das niedere Bewusstsein ist, und ob alles das, was wir Zeit nennen – Vergangenheit Gegenwart und Zukunft – alles gleich-massig nur *ein ewiges Jetzt* ist.

Ich möchte nur zeigen, dass, wenn das Ego von physischen Fesseln befreit ist, ob im Schlaf, im Traum oder im Tode, es ein transzendentes Zeitmaß anzuwenden scheint, welches nichts mit unserm gewöhnlichen physiologischen gemein hat. Hundert Erzählungen könnte ich als Beweis für diese Tatsache mitteilen, zwei werden genügen.

Die erste ist eine sehr alte; (ich glaube, sie wurde schon von Addisson im Spectator berichtet). Die andere ist der Bericht eines Vorfalls, welcher sich erst vor einigen Monaten zutrug, und der noch nicht in der Presse veröffentlicht ist. Es soll im Koran eine wunderbare Erzählung von einem Besuch geben, den der Prophet Mohammed eines Morgens dem Himmel machte. Er sah dort viele verschiedene Regionen, die ihm ausführlich erklärt wurden und er hatte lange Verhandlungen mit mehreren Engeln, und doch war, als er in seinen Körper zurückkehrte, das Bett, von welchem er aufgestanden war, noch warm, und er sah, dass nur einige Sekunden verflossen waren.

Addison erzählt nun weiter, dass es einem Sultan von Ägypten unmöglich gewesen sei, dies zu glauben, und dass er sogar so weit ging, seinem geistlichen Lehrer rund heraus zu erklären, diese Geschichte sei nicht war. Der Lehrer, welcher ein mit dem Gesetz vertrauter Gelehrter war, und sich wunderbarer Kräfte erfreute, unternahm den Versuch, auf der Stelle den zweifelnden Monarchen zu überzeugen, dass die Erzählung wenigstens wahr sein könnte. Er ließ ein großes Gefäß mit Wasser bringen, und bat den Sultan den Kopf in das Wasser zu tauchen, und ihn so schnell er könnte, wieder herauszuziehen.

Der König steckte also seinen Kopf ins Wasser und fand sich plötzlich an einem Orte, der ihm vollständig unbekannt war, – an einer einsamen Küste, am Fuß eines großen Berges. Er meinte, er sei verzaubert, und als orientalischer Herrscher war für ihn natürlich das erste, dass er den Doktor wegen seines abscheulichen Verrates verfluchte. Jedoch die Zeit ging weiter, er wurde allmählich hungrig und kam zur Einsicht, dass es das Gescheuteste wäre, sich nach irgendwelchen Lebensmitteln in diesem fremden Lande umzusehen.

Nachdem er einige Zeit umhergewandert, fand er in einem Walde, einige Leute beim Holzfällen, und er bat sie um Hilfe. Sie veranlassten ihn, ihnen bei der Arbeit zu helfen, und nahmen ihn nachher mit sich nach der Stadt, in der sie wohnten.

Hier ließ er sich nieder, arbeitete mehrere Jahre, erwarb sich allmählich ein Vermögen und freite um ein reiches Weib.

Mit ihr lebte er manches Jahr in glücklicher Ehe, in welcher er nicht weniger als 14 Kinder groß zog, aber nach ihrem Tod trafen ihn so viel Unglücksfälle, dass er wieder in Not geriet und in alten Tagen wieder ein Holzhauer wurde. Eines Tages ging er an der Seeküste entlang, warf seine Kleider ab und sprang in die See, um zu baden; als er wieder herauskam und das Wasser abschüttelte, fand er zu seinem Erstaunen um sich herum seine alten Höflinge und seinen Lehrer aus alter, alter Zeit, auf seinem Sitz und ein Gefäß mit Wasser vor sich. Es dauerte, wie man sich denken kann, lange, bis er dahin gebracht werden konnte, zu glauben, dass alle diese Jahre der Abenteuer und Unglücksfälle nichts als der Traum eines Augenblicks gewesen sei, welcher durch die hypnotische Suggestion seines Lehrers hervorgerufen war, und dass er tatsächlich nur seinen Kopf ins Wasser getaucht und ihn wieder herausgezogen. – Dies ist eine gute Erzählung und sie illustriert den Punkt, um den es sich hier handelt, vortrefflich; aber wir haben natürlich keinen Beweis für ihre Wahrheit.

Ganz etwas anderes ist es jedoch, mit einem Ereignis, das ein sehr bekannter Mann der Wissenschaft erst kürzlich erlebte. Er musste sich zwei Zähne ausziehen lassen, und atmete zu diesem Zweck das bekannte Gas ein. Da er sich sehr für Probleme dieser Art interessierte, hatte er sich vorgenommen, sich sorgfältig seine Gefühle während der ganzen Operation zu merken; aber als er das Gas eingeatmet hatte, kam eine solche Schläfrigkeit über ihn, dass er bald seine Absicht vergaß, und in Schlaf zu sinken schien. Seiner Meinung nach stand er am anderen Morgen auf, ging an sein Tagewerk, führte seine gewöhnlichen Experimente aus, hielt Vorträge vor verschiedenen gelehrten Körperschaften, usw., jedoch alles mit einem höheren Schwung und Vergnügen – jeder Vortrag war ein bemerkenswerter Erfolg, jedes Experiment führte zu neuen, hervorragenden Entdeckungen.

Dies ging so Tag für Tag, Woche für Woche, eine ganze beträchtliche Zeit hindurch ungewiss wie lange, bis er eines Tages, gerade als er eine Vorlesung in der Royal Society hielt, durch eine Bemerkung unangenehm gestört wurde: »Jetzt ist alles vorbei«, und als er sich umsah, was dies bedeute, rief eine andere Stimme: »Sie sind alle beide heraus!« Da erst wurde ihm klar, dass er noch immer in dem Stuhl des Zahnarztes sass, und dass er diese Periode intensiven Lebens, gerade in 40 Sekunden durcheilt hatte.

In keinem dieser Fälle kann man sagen, haben wir es mit einem gewöhnlichen Traume zu tun. Aber dieselbe Sache kommt fortwährend in gewöhnlichen Träumen vor, und es gibt genug Zeugnisse, welche dies beweisen. Steffens, einer der deutschen Schriftsteller über diesen Gegenstand, erzählt, wie er als Knabe mit seinem Bruder zusammen geschlafen, und geträumt habe, dass er in einer einsamen Straße sei und irgendein schreckliches Ungetüm ihn verfolge.

Unfähig einen Laut auszustoßen, rennt er in großem Schrecken davon, bis er an eine Treppe kommt, auf der er sich umwendet; doch außer Atem vor Schrecken und vom starken Rennen, wird er vom Tier überwältigt und grässlich ins Bein gebissen. Er erwachte mit einem Schrei und fand, – dass sein Bruder ihn ins Bein gekniffen hatte.

Richers, ein anderer deutscher Schriftsteller, erzählt eine Geschichte von einem Mann, welcher durch das Abfeuern eines Schusses erweckt wurde, der aber erst als Schluss eines langen Traumes in Wirklichkeit auftrat, in welchem er Soldat geworden war, desertierte, schreckliche Schicksalsschläge erlitt, gefangen genommen, vor Gericht gebracht, verurteilt und schließlich erschossen wurde – der ganze lange Traum ward durch den Schuss erst in dem Augenblick des Erwachens hervorgerufen. Ferner haben wir noch die Erzählung von einem Mann, der in Schlaf verfiel, während er eine Cigarre rauchte, – nachdem er ein ereignisreiches Leben von vielen Jahren geträumt, wachte er auf und fand seine Cigarre noch in Brand. Man kann solche authentische Fälle ins Unendliche vervielfältigen.

Eine andere bemerkenswerte Eigentümlichkeit des Ego, außer seinem transcendenten Zeitmaß geht aus einigen dieser Erzählungen hervor, und zwar die Häufigkeit, oder wir sollten lieber sagen, die Gewohnheit der augenblicklichen Dramatisierung. Man beachte, dass in den Fällen, des Schusses und des Kneifens, die soeben erzählt wurden, der physische Vorfall, welcher die Person erweckte, als der Schlusseffekt eines Traumes erscheint, der sich scheinbar über einen beträchtlichen Zeitraum erstreckte, obgleich dieser Traum in Wirklichkeit erst durch den Vorfall hervorgerufen worden ist.

Nun – die Nachricht so zu sagen von diesem physischen Vorfall, einem Geräusch oder einer Berührung, muss von den Nerven dem Gehirn überbracht werden, und dazu gebrauchen sie einen gewissen Zeitraum – freilich nur den Bruchteil einer Sekunde, aber doch einen bestimmten Zeitbetrag, der berechenbar und durch außerordentlich feine Instrumente, wie sie bei modernen wissenschaftlichen Untersuchungen gebraucht werden, messbar ist.

Das Ego ist imstande, absolut ohne Zeitaufwand und ohne außerhalb des Körpers, die Nerven zu benutzen, wahrzunehmen, und infolgedessen wird es um diesen Bruchteil der Sekunde früher das gewahr, was vorfällt, als die Nachricht sein physisches Gehirn erreicht. In diesem, kaum vorstellbaren Zeiträume scheint das Ego eine Art Drama oder eine Reihenfolge von Szenen zu komponieren, welche auf denjenigen Effekt hinleiten und sich zuspitzen, der erst den physischen Körper aufweckt; wenn er nun im wachen Zustande durch die Organe dieses Körpers wieder eingeengt wird, ist es ihm unmöglich in der Erinnerung zwischen dem Subjektiven und dem Objektiven zu unterscheiden, und er bildet sich deshalb ein, dass wirklich erst am Ende des geträumten Dramas der Vorfall sich ereignete.

Diese Gewohnheit ist übrigens nur dem verhältnismäßig unentwickelten Ego eigentümlich. Wenn die Entwickelung weiter fortschreitet, und der eigentliche Mensch allmählich seine Stellung und seine Verantwortlichkeit verstehen lernt, überwindet er diesen kindlichen Sport.

Es scheint beinahe, dass gerade wie der primitive Mensch jede Erscheinung der Natur in die Form einer Mythe kleidet, das noch nicht vorgeschrittene Ego jedes Ereignis, das zu seiner Kenntnis kommt, dramatisiert; aber derjenige, welcher auf allen Ebenen ununterbrochenes Bewusstsein hat, ist so vollständig mit der Arbeit auf den höheren Regionen beschäftigt, dass er sich mit solchen Dingen nicht mehr abgibt, und deshalb träumt er auch nicht mehr.

Eine andere Folge des übernormalen Zeitmaßes des Ego ist die, dass ihm bis zu einem bestimmten Grade Voraussicht möglich ist. Die Gegenwart, die Vergangenheit und bis zu einem gewissen Masse auch die Zukunft, hegen offen vor ihm, wenn er sie zu lesen versteht; und es sieht unzweifelhaft zu Zeiten Begebenheiten im Voraus, welche für seine niedere Persönlichkeit von Interesse oder von Wichtigkeit sind, auch macht es mehr oder weniger erfolgreiche Anstrengungen, sie ihr einzuprägen.

Wenn wir die unglaublichen Schwierigkeiten hierbei, falls es sich um eine gewöhnliche Person handelt, in Betracht ziehen – die Tatsache, dass sie selbst wahrscheinlich noch nicht halb (geistig) erweckt ist, dass sie kaum irgendeine Herrschaft über ihre verschiedenen Vehikel besitzt, und dass sie deshalb nicht verhindern kann, dass die Botschaft verstümmelt oder gar durch die Wogen des Kama fortgetrieben wird, sei es durch die zufälligen Gedankenströme in seinem ätherischen Gehirn, oder durch leichte physische Störungen, welche seinen dichteren Körper beeinflussen, – dann ist es aus all diesen Gründen nicht zu verwundern, dass es so selten bei seinen Bemühungen Erfolg hat.

Hin und wieder einmal bringt es aus dem Bereich des Schlafes einen vollständigen und zusammenhängenden Vorausblick von einem Ereignis mit zurück; weit häufiger ist das Bild verzerrt und unkenntlich, während alles, was durchgedrungen ist, in einem unbestimmten Gefühl eines drohenden Unglücks besteht, und noch weit häufiger erreicht gar nichts den dichteren Körper.

Manchmal behauptet man, dass, wenn diese Voraussicht eintrifft, es der reine Zufall sein muss, denn wenn Ereignisse wirklich vorausgesehen werden könnten, müssten diese vorher bestimmt sein, und es gäbe dann für den Menschen keinen freien Willen.

Der Mensch besitzt aber unzweifelhaft freien Willen; und daher ist Voraussicht, wie schon erwähnt, nur bis zu einem gewissen Grade möglich.

In den Angelegenheiten des Durchschnittsmenschen ist sie wahrscheinlich bis zu einem sehr großen Umfang möglich, da er einen eignen Willen nicht zu einem bemerkenswerten Grad entwickelt hat; und er ist daher so ziemlich das Resultat der Umstände.

Sein Karma bringt ihn in eine gewisse Umgebung, und deren Einwirkung ist so sehr der wichtigste Faktor in seiner Lebensgeschichte, dass sein zukünftiger Lebenslauf mit beinahe mathematischer Sicherheit vorher gesehen werden kann.

Wenn wir die übergroße Zahl von Ereignissen betrachten, auf welche die Menschen durch ihre Handlungen nur wenig einwirken können, und andererseits die komplizierten und weitreichenden Beziehungen der Ursachen für diese Wirkungen, so wird es uns kaum wunderbar erscheinen, dass auf der Ebene, auf welcher die Wirkung aller jetzt in Tätigkeit befindlichen Ursachen sichtbar ist, ein sehr großer Teil der Zukunft mit ziemlicher Sicherheit, auch in Beziehung auf die Einzelheiten, vorher gesagt werden kann. Dass dies geschehen kann, wird immer und immer wieder bewiesen; und zwar nicht nur durch prophetische Träume, sondern auch durch das zweite Gesicht der schottischen Hochländer, Westfalen und Niedersachsen und der Vorhersagungen der Hellseher; ebenso ist auf das Vorhersagen der Wirkungen aus Ursachen, die schon vorhanden sind, das ganze System der Astrologie aufgebaut.

Wenn es sich aber van ein entwickeltes Individuum, einen Menschen von Kenntnis und Willen, handelt, dann versagt das Prophezeien, denn er ist nicht mehr der Sklave der Lebensumstände, sondern zu einem großen Teil ihr Meister.

Es ist richtig, die nackten Ereignisse seines Lebens sind im Voraus durch sein vergangenes Karma bestimmt; aber die Art, in welcher er sie auf sich einwirken lässt, die Weise, auf welche er aus ihnen Nutzen zieht, vielleicht den Sieg über sie davon trägt, das ist sein eigen, und das Resultat lässt sich höchstens als Wahrscheinlichkeit voraussagen.

Diese seine Handlungen werden ihrerseits Ursachen, und solche Ketten von Ursachen und Wirkungen bilden sich während seines Lebens; diese waren durch die ursprüngliche Anordnung seines Karmas nicht vorbereitet und konnten deshalb mit irgendwelcher Genauigkeit nicht vorher gesagt werden.

Als ein analoger Fall kann ein einfaches Experiment aus der Mechanik angeführt werden. Wenn mit einer gewissen Kraft eine Kugel ins Rollen gebracht wird, so können wir auf keine Weise die Kraft zerstören oder abschwächen, wenn die Kugel einmal im Laufen ist, aber wir können dieser Bewegung entgegen wirken, oder sie verändern durch die Anwendung einer neuen Kraft in einer andere Richtung.

Eine gleiche Kraft, welche auf die Kugel in genau entgegengesetzter Richtung einwirkt, bringt sie vollständig zum Stillstand; eine geringere so wirkende Kraft, verringert die Geschwindigkeit; eine Kraft von irgendwelcher Seite einwirkend, wird beides, die Richtung und die Geschwindigkeit ändern. So ist es mit dem Wirken des Schicksals! Es ist klar, dass in jedem gegebenen Augenblicke eine gewisse Menge von Ursachen in Tätigkeit sind, welche, wenn ungestört, unabwendbar bestimmte Wirkungen hervorrufen, Wirkungen, die auf höheren Ebenen schon gegenwärtig scheinen, und deshalb genau beschrieben werden können, aber es ist auch klar, dass ein Mensch mit starken Willen diese Folgen abändern kann, wenn er nur Kräfte zur Wirkung bringt, und diese Abänderungen können von einem gewöhnlichen Hellsehenden nicht vorher gesehen werden, vordem die neuen Kräfte in Bewegung gesetzt sind.

Zwei Vorfälle, welche kürzlich zur Kenntnis des Verfassers kamen, können als auszeichnete Illustrationen dienen, für die Möglichkeit sowohl des Hellsehens wie auch der Anwendungen der Prophezeiungen.

Ein Herr, dessen Hand oft zum automatischen Schreiben benutzt wird, erhielt auf diesem Wege eines Tages eine Mitteilung, vorgeblich von einer ihm bekannten Dame, in welcher diese ihm klagte, sie sei in einem peinlichen Zustand der Indignation, sie habe die Vorbereitungen getroffen, um eine Vorlesung zu halten, und nun hätte sich zur festgesetzten Zeit niemand eingefunden, sodass sie nicht dazu gekommen sei, ihren Vortrag zu halten.

Als er einige Tage darauf mit der Dame zusammentraf, sprach er ihr sein Bedauern aus über diese Enttäuschung; zu seiner Überraschung teilte sie ihm mit, dass sie ihre Vorlesung bis jetzt noch nicht gehalten habe, sondern erst nächste Woche lesen wolle, hoffentlich würde die Prophezeiung nicht eintreffen. Unglaublich, wie ein solches Vorkommen scheint, aber wahr, die Prophezeiung traf ein; kein Zuhörer kam in die Halle, die Vorlesung wurde nicht gehalten, die Rednerin war sehr missgestimmt und in Verlegenheit, genau, wie die automatische Schrift vorhergesagt hatte.

Es ist nicht ersichtlich, welche Art Wesen das Schreiben inspirirt, aber es war augenscheinlich ein solches, welches sich auf einer Ebene bewegt, wo Voraussicht möglich, es mag wirklich wie es behauptete, das Ego der Rednerin gewesen sein, welches ihre Enttäuschung, durch Vorbereitung darauf abschwächen wollte.

Bei anderer Gelegenheit erhielt derselbe Herr auf demselben Wege einen Brief, angeblich von einer befreundeten Dame, in welchem sie ihm die lange und traurige Geschichte ihres Lebens berichtete. Sie gab an, sie sei in großer Verlegenheit, und die ganze Schwierigkeit stamme ursprünglich aus einer genau mitgeteilten Unterhaltung mit einer gewissen Person her, im Laufe, welcher sie sehr gegen ihr eigentliches Gefühl, dahin gebracht wurde, eine bestimmte Tat auszuführen. Sie beschrieb weiter, wie etwa ein Jahr später eine Reihe von Ereignissen eintraten, welche deutlich als Folgen der ausgeführten Tat erkennbar waren, und die sie schließlich zur Begehung eines schrecklichen Verbrechens brachten, das für immer ihr Leben verdüsterte.

Wie beim ersten Falle, traf der Herr bald darauf die Dame, von welcher der Brief, der Angabe nach, ausgegangen war, und er erzählte ihr den Inhalt.

Sie wusste absolut gar nichts von einer solchen Lebensgeschichte, und obgleich die Genauigkeit der angegebenen Umstände großen Eindruck auf sie machte, kam sie doch zu der Ansicht, dass nichts daran wäre. Einige Zeit darauf fand die Unterhaltung, zu ihrem größten Erstaunen, doch statt, und sie wurde beschworen, die Tat auszuführen, dessen schreckliche Folgen seinen Schatten vorausgeworfen hatte.

Ohne die Erinnerung an die Prophezeiung würde sie ihrem eignen Urteil zum Trotz sicher nachgegeben haben; diese aber vor Augen behaltend, widerstand sie in entschiedenster Weise, trotzdem ihre Stellungnahme ihren Freund, mit dem sie sprach, überraschte und ihm Schmerz bereitete. Da sie auf die im Brief angegebene Handlungsweise sich nicht eingelassen hatte, kam die Zeit der angegebenen Katastrophe herbei, ohne dass etwas ungewöhnliches vorfiel.

Man kann ja sagen, es möchte auch andernfalls nichts vorgefallen sein, dass ist möglich; und doch, wenn man bedenkt, wie genau sich die andre Voraussagung, erfüllte, so hat man doch das Gefühl, dass die Warnung durch das Schreiben wahrscheinlich ein Verbrechen verhindert hat. Wenn dem so ist, – so ist dies ein gutes Beispiel, wie unsre Zukunft durch die Ausübung eines entschlossenen Willens abgeändert werden kann.

Noch ein andrer Punkt ist in Beziehung auf den Zustand des Ego, wenn er während des Schlafes außerhalb des Körpers ist, der Erwähnung wert, nämlich, dass er in Symbolen zu denken scheint – das heißt, dass ein Gedanke, welcher hier unten, um ihn auszudrücken vieler Worte, bedarf, sich ihm durch ein einziges symbolisches Bild mitteilt.

Wenn sich nun ein solcher Gedanke dem Gehirn einprägt, sodass er sich desselben beim Wachen erinnert, so muss er natürlich übersetzt werden.

Oft führt der Verstand diese Aufgabe richtig aus, aber manchmal wird das Symbol ohne Schlüssel in der Erinnerung behalten – es geht unübersetzt, so zu sagen, hindurch, und dann entsteht Verwirrung.

Viele bringen so ganz gewohnheitsgemäß die Symbole hindurch und versuchen hier unten eine Deutung. In diesen Fällen scheint jeder ein eigenes System der Symbologie für sich zu haben, obgleich die meisten Träumer in einigen Punkten übereinstimmen – so bedeutet im Traum z. B. *Wasser* kommende Schwierigkeiten.

Nach dem wir so die Zustände des Menschen während des Schlafes untersucht haben, sehen wir, dass es folgende Faktoren sind, die sich an der Entstehung der Träume beteiligen:

a) Das Ego, in jedem Grade des Bewusstseins von äußerster Unempfindlichkeit, bis zur vollkommenen Herrschaft über seine Fähigkeiten; nähert es sich dem letzteren Zustand, so erringt es eine immer vollständigere Beherrschung seiner Kräfte, welche diejenigen weit übertreffen, welche die meisten von uns im Wachen besitzen.

b) Der Astralkörper immer mit den wilden Wogen des Kama pulsierend.

c) Das ätherische Gehirn mit einer endlosen Reihenfolge vorbeiziehender, unzusammenhängender Bilder.

d) Das physische Gehirn mit seinem kindlichen Halbbewusstsein und seiner Gewohnheit jeden Reiz in eine bildliche Gestalt umzuformen.

Wenn wir einschlafen, zieht sich unser Ego in sich seihst zurück und lässt seine verschiedenen Hüllen freier ihre eigenen Wege gehen als sonst; aber wie wir wissen, ist das eigene Bewusstsein dieser Vehikel, wie sich bei dieser Gelegenheit zeigt, sehr unentwickelt.

Dazu kommt noch, dass jeder dieser Faktoren dann unendlich empfänglicher für Eindrücke ist, als gewöhnlich. Wir haben also wenig Grund uns zu wundern, dass die Erinnerung, das Resultat aller verschiedenen Tätigkeiten, beim Erwachen meistens so verworren ist. Lassen Sie uns jetzt sehen, wie die verschiedenen Traumarten, von diesen dargelegten Gesichtspunkten aus, zu beurteilen sind.

Träume

1.) Die richtige Vision. Dies ist ein Fall, welcher eigentlich gar nicht als Traum anzusehen ist. Irgendeine Tatsache, welche für das Ego wichtig ist, oder vielleicht ein herrliches, begeisterndes Bild, welches ermutigt und kräftigt, sieht das Ego selbst auf einer höheren Ebene der Natur, oder die Vorstellung davon wird auf dieses Ego von einer vorgeschrittenen Wesenheit übertragen. Glücklich derjenige, dem solche Vision mit hinreichender Klarheit erscheint, um durch alle Hindernisse hindurchdringen und sich fest in seine wache Erinnerung einprägen zu können.

2.) Der prophetische Traum. Diesen müssen wir auch dem Ego zuschreiben, welches selbst voraussieht, oder dem von einer zukünftigen Begebenheit berichtet wird, auf die es sein niederes Bewusstsein vorzubereiten wünscht. Solch ein Traum kann zuweilen, entsprechend der Fähigkeit des Ego, die Tatsachen selbst aufzufassen und diese dann dem physischen Gehirn einzuprägen, ziemlich klar und genau sein.

3.) Der symbolische Traum. Auch dieser ist das Werk des Ego; er mag als eine weniger erfolgreiche Variante der vorhergehenden Klasse angesehen werden, denn er ist doch immer ein nur unvollkommen ausgefallener Versuch, eine Nachricht in Bezug auf die Zukunft zu übermitteln.

4.) Der lebhafte und zusammenhängende Traum. Dieser ist manchmal eine mehr oder weniger genaue Erinnerung an eine wirkliche astrale Erfahrung, die das Ego auf seiner Wanderung außerhalb des physischen Körpers gemacht hat; häufiger noch ist es die Dramatisierung eines unbedeutenden physischen

Berührungs- oder Ton-Eindrucks durch das Ego oder eines zufällig vorbeiziehenden und aufgefangenen Gedankens.

5.) Der verwirrte Traum. Dieser bei Weitem gewöhnlichste entsteht, wie schon ausgeführt, auf verschiedene Weise. Er ist einfach eine mehr oder weniger vollkommene Zusammenfassung einer Reihe unzusammenhängender Bilder und unmöglicher Umgestaltungen, welche durch die sinnlose automatische Tätigkeit des Gehirns hervorgerufen worden sind; oder auch ein Abbild des Stromes zufälliger Gedanken, welcher durch das ätherische Gehirn zog.

Wenn irgendwelche sinnliche Bilder sich in den Traum mischen, rührt dies von der stets rastlosen Flut des Kama her; wahrscheinlich von einem Reiz oder einem unsauberen Einfluss der astralen Welt, oder es ist ein unvollkommener Versuch der Dramatisierung seitens eines unentwickelten Ego; meistens ist es die Folge einer unentwirrbaren Mischung aller dieser Einflüsse zusammen.

Die Art und Weise, wie solche Vermischung vor sich geht, wird vielleicht klarer werden, wenn ich von einigen Versuchen über Traumzustände kurz berichte, welche kürzlich in der Londener Loge der theosophischen Gesellschaft, mit Hilfe einiger hellsehender Forscher unter ihren Mitgliedern, angestellt wurden.

Der spezielle Punkt der hier zum Teil wiedergegebenen Untersuchungen war, – zu erforschen, ob es möglich sei, dem Ego einer schlafenden Person ein Bild hinreichend einzuprägen, um es ihm zu ermöglichen, sich desselben beim Erwachen zu erinnern, und zu sehen, welche Hindernisse dieser Erinnerung im Wege stehen.

Der erste Versuch wurde mit einem Alltagsmenschen von wenig Erziehung und rohem Äußeren angestellt – einem Manne vom Typus des australischen Schäfers – dessen Astralkörper als fast formloser Nebelring über seinem Körper schwebte. Das Bewusstsein des Körpers, des dichteren wie auch des ätherischen, zeigte sich dumpf und schwerfällig. Das erstere antwortete bis zu einem gewissen Grade auf äußere Reize, z. B. erregte das Besprengen mit 2 bis 3 Tropfen Wasser (wenn auch etwas langsam) im Gehirn das Bild eines heftigen Regenschauers.

Das ätherische Gehirn ließ dagegen wie gewöhnlich passiv einen endlosen Strom unzusammenhängender Gedanken durchpassieren, hin und wieder jedoch reagierte es auf einige der Schwingungen, aber wie es schien, in ziemlich träger Weise.

Auf den schwebenden Astralkörper konnte ein bewusster Gedanke einer andern Person jederzeit mit kaum glaublicher Leichtigkeit einwirken. Es wurde dann der Versuch gemacht, ihn auf einige Entfernung von dem Körper, der im Bett lag, fortzuziehen. Das Ergebnis war jedoch, dass bei einer Entfernung von mehr als einigen Metern sich in beiden Vehikeln ein deutliches Unbehagen zeigte, man musste daher den Versuch aufgeben, da augenscheinlich jedes weitere Fortziehen den Mann aufgeweckt haben würde, und zwar wahrscheinlich im Zustand großen Schreckens.

Ferner wurde eine tropische Landschaft gewählt – eine großartige, prächtige Aussicht von der Spitze eines Berges – und ein lebhaftes Bild von ihr wurde durch den Experimentator in das träumende Bewusstsein des Ego projiziert, welches es aufnahm und betrachtete, wenn auch in dumpfer apathischer, gleichgültiger Art und Weise.

Nachdem dies Bild ihm einige Zeit vor Augen gehalten war, wurde der Mann aufgeweckt, um zu sehen, ob er sich dessen als Traum erinnere. Sein Gedächtnis hatte nicht eine Spur von dem Bild behalten und außer einigen kamischen Regungen mehr tierischer Art, hatte er aus dem Schlaf überhaupt keine Erinnerung mitgebracht.

Man nahm an, dass vielleicht der konstante Strom von Gedankenformen, welche durch das Gehirn nuten, ein Hindernis sein könne; dieser könnte es vielleicht so abziehen, dass es für die Einflüsse der höheren Prinzipien unempfänglich wird. Es wurde deshalb, als der Mann wieder eingeschlafen war, eine magnetische Schutzwand um seinen Körper herum hergestellt, um den Zutritt des Stromes zu verhindern, und der Versuch wurde jetzt wiederholt.

Der gewöhnlichen Nährmittel auf diese Weise beraubt, begann das ätherische Gehirn sehr langsam und träumerisch aus sich selbst heraus Scenen aus des Mannes vergangenem Leben auszumalen, aber als ihm das Bild wieder vorgehalten wurde, war das Resultat genau dasselbe; – das Gedächtnis war in Bezug auf die Landschaft vollständig leer, obgleich er eine unbestimmte Ahnung davon hatte, dass er von Begebenheiten seines früheren Lebens geträumt habe. Man verzichtete deshalb auf weitere Versuche mit dieser Person, als hoffnungslos; es war klar, das sein Ego zu wenig entwickelt war, und das kamische Vehikel zu stark, um irgendeinen Erfolg wahrscheinlich zu machen.

Ein anderer späterer Versuch mit demselben Mann, war nicht ganz so erfolglos; das Bild, welches ihm diesmal vorgehalten wurde, war eine aufregende Kriegsscene, weil ein solcher Gegenstand für einen Mann seines Typus packender ist, als eine Landschaft.

Das Bild wurde auch unzweifelhaft von diesem unentwickelten Ego mit größerem Interesse aufgenommen, als das andre, und doch – als der Mann erwachte, war alles fort; nur eine ganz unbestimmte Idee war geblieben, dass er gefochten hatte, aber wo und weshalb, war vollständig vergessen.

Als nächstes Versuchsobjekt wurde ein Mann von viel höherem Typus genommen – ein Mann von moralischer Lebensweise, guter Erziehung, intelligent, menschenfreundlich, von weitem Gesichtskreis und hohem Ehrgeiz. In diesem Fall reagierte der dichtere Körper augenblicklich auf die "Wasserprobe mit dem großartigen Bild eines schrecklichen Gewittersturmes und das ätherische Gehirn rief durch Assoziation eine ganze Reihe von lebhaft dargestellten Scenen hervor.

Als diese Störung vorüber war, fing der gewöhnliche Strom von Gedanken wieder an, durch zu fluten. aber man konnte deutlich wahrnehmen, dass ein viel größerer Teil dieser Gedanken eine Antwort in diesem ätherischen Gehirn weckte, auch dass diese antwortenden Schwingungen viel stärker waren und in jedem solchen Falle eine Menge Gedanken-Reihen sich anschlössen, welche manchmal den Strom von außen für eine beträchtliche Zeit ausschlössen. Der Astralkörper dieser Person war viel bestimmter in seinen Umrissen, tatsächlich annähernd das Gegenbild der physischen Gestalt; und während Kama entschieden weniger tätig war, besaß das Ego selbst einen viel höheren Grad von Bewusstsein. Der Astralkörper konnte in diesem Falle bis zu einer Entfernung von mehreren Kilometern von den physischen Teilen desselben fortgezogen werden, augenscheinlich ohne das leiseste Gefühl der Unruhe in den beiden hervorzurufen.

Als die tropische Landschaft diesem Ego vorgehalten wurde, nahm es dieselbe lebhaft auf und wusste sie entschieden zu würdigen; es bewunderte eingehend ihre Schönheiten in der enthusiastischen Weise. Nachdem der Mann die Landschaft eine Zeit lang bewundert hatte, wurde er, wie gewöhnlich, aufgeweckt; jedoch der Erfolg war etwas enttäuschend.

Er wusste, dass er einen schönen Traum gehabt, aber es war ihm völlig unmöglich, Einzelheiten zurückzurufen; die wenigen bestimmten Bruchteile, welche noch in seinem Gedächtnis hafteten, waren Ergebnisse der Streifzüge des ätherischen Gehirns.

Es wurde nun mit ihm, wie bei dem andern Mann, der Versuch wiederholt, nachdem eine magnetische Schutzwand oder eine Gehäuse-Schale um den Körper gebildet war. Auch in diesem Fall rief das ätherische Gehirn aus sich selbst Bilder hervor. Das Ego nahm die Landschaft mit noch größerem Enthusiasmus auf, als das erste Mal, erkannte sie sofort als die Aussicht, die sie schon einmal gesehen hatte, und besah sie Punkt für Punkt ganz begeistert, voll Bewunderung über ihre vielen Schönheiten. Während das Ego auf diese Weise in Betrachtung versunken war, belustigte sich sein ätherisches Gehirn unter ihm damit, Bilder aus seiner Schulzeit zurückzurufen.

Das Hervorragendste war eine Scene im Winter, der Boden war mit Schnee bedeckt, und er und eine Anzahl seiner Spielgenossen schneeballten sich auf dem Spielplatze. – Als der Mann wiederum aufgeweckt ward, war der Erfolg ganz merkwürdig. Er hatte eine lebhafte Erinnerung, auf dem Gipfel eines Berges gestanden zu haben.

Er hatte eine prachtvolle Landschaft bewundert, und hatte selbst die Hauptzüge der Szenerie ganz klar vor Augen, aber statt der prachtvollen, tropischen Pflanzenwelt, welche dem wirklichen Bild solche Üppigkeit verlieh, sah er die Umgebung vollständig mit einem Schneetuch bedeckt, und es schien ihm, gerade als er mit großem Entzücken die Lieblichkeit des vor ihm ausgebreiteten Panoramas genoss, dass er plötzlich, mit einem in Träumen so häufig vorkommenden rapiden Scenenwechsel, sich auf dem alten Schulhof befand, und sich mit lange vergessenen Schulkameraden, an die er seit Jahren nicht gedacht, schneeballte.

Diese Versuche zeigen also sehr klar, wie es kommt, dass die Erinnerung an unsre Träume häufig so chaotisch und unzusammenhängend ist.

Sie erklären auch bei der Gelegenheit, weshalb einige Menschen, in denen das Ego unentwickelt und Kama stark ist, überhaupt niemals sich ihrer Träume erinnern, und weshalb viele andere nur ab und an, beim Zusammentreffen günstiger Umstände, imstande sind, eine wirre Erinnerung an nächtliche Erlebnisse zurückzubringen; und wir lernen ferner aus ihnen, dass wenn ein Mann wünscht, im wachen Bewusstsein den Vorteil von dem zu ernten, was das Ego während des Schlafes erfährt, es absolut nötig für ihn ist, Herrschaft über seine Gedanken zu gewinnen; seine kamische Natur zu überwinden und seinen Geist auf höhere Dinge zu richten. Wenn er sich die Mühe nimmt, sich während des Wachens an zusammenhängendes und konzentriertes Denken zu gewöhnen, wird er bald finden, dass der Vorteil, den er dadurch gewinnt, sich nicht nur bei Tage zeigt.

Er muss lernen, sein Denken in Schranken zu halten – und erreichen, dass er dessen ebenso gut Herr ist, wie seiner niederen Leidenschaften; er soll mit Geduld sich bemühen, zuletzt vollständige Herrschaft über seine Gedanken zu erlangen, sodass er stets genau weiß, was er denkt, und weshalb; und er wird finden, dass sein ätherisches Gehirn, wenn es trainiert ist, nur auf die Anregungen des Ego zu hören, in Ruhe verharrt, wenn es nicht gebraucht wird. Es ist dann nicht mehr empfänglich für die zufälligen Störungen des uns umgebenden Ozeans von Gedanken, und es ist nicht mehr geneigt auf dieselben zu reagieren, sodass er für die Einflüsse der weniger materiellen Ebenen nicht länger unzugänglich bleibt, wo Einsicht tiefer und Urteil wahrer ist, als sie hier unten sein können.

Die Ausübung einer einfachen Art von Magie mag einige Menschen bei diesem Trainieren des Gehirns Hilfe leisten. Die Bilder, welche es aus sich selbst entwickelt, wenn der äußere Gedankenstrom ausgeschlossen ist, sind sicher im Allgemeinen weniger geeignet, die Rückerinnerungen an die Erfahrungen des Ego zu verhindern, als der heranbrausende Gedankenstrom selbst; deshalb ist der Ausschluss dieses tosenden Stromes, welcher so viel Böses wie Gutes mit sich führt, an und für sich kein unwichtiger Schritt vorwärts, dem gewünschten Ziele zu.

Und dieses Wichtige kann ohne ernste Schwierigkeit erreicht werden. Der Mensch denke, wenn er sich zum Schlafen niedergelegt hat, an die Aura, welche ihn umgibt; er wolle energisch, dass die äußere Oberfläche dieser Aura ein Gehäuse werde, welches ihn, gegen die Einflüsse und Beunruhigungen von außen schützt, und – die aurische Materie wird seinem Willen gehorchen, ein Gehäuse wird sich in der Tat um ihn her bilden, und der Gedankenstrom wird ausgeschlossen bleiben.[1)]

Ein anderer Punkt, welcher sich sehr deutlich aus unsern weiteren Untersuchungen ergab, war die weittragende Wichtigkeit des letzten Gedankens eines Menschen, vordem er in Schlaf versinkt. Dies ist eine Betrachtung, auf welche die meisten nie kommen, und doch hat dieser letzte Gedanke physische, geistige und moralische Folgen für die Menschen. Wir haben gesehen, wie passiv und wie leicht zu beeinflussen der Mensch während des Schlafes ist. Wenn er in diesen Zustand übergeht und seine Gedanken sind auf hohe und heilige Dinge gerichtet, umgibt er sich mit elementaren Kraftpotenzen, welche ähnliche Gedanken Anderer ins Dasein riefen und seine Ruhe ist friedvoll; sein Geist ist geöffnet für Eindrücke von oben, und verschlossen für solche von unten, denn er hat dessen Tätigkeit die wahre Richtung gegeben.

Wenn er im entgegengesetzten Fall einschläft, mit unreinen und irdischen Gedanken beschäftigt, zieht er alle die groben und üblen Geschöpfe an sich, welche ihm nahkommen, während sein Schlaf durch die wilden Wogen des Kama beunruhigt

---

1) Diese Herstellung eines Gehäuses wird von Leadbeater im Vahan (Monatsblatt, in London erscheinend) durch eingehende Antwort auf eine gestellte Frage näher erläutert; diese Antwort lasse als Nachtrag folgen. D. Übers.

wird, die ihn blind für die Ausblicke, und taub für die Töne auf den höheren Ebenen machen. Alle ernsten Theosophen sollten deshalb ihr Augenmerk speziell darauf richten, ihre Gedanken auf die erhabensten Höhen zu lenken, die sie erreichen können, vordem sie dem Schlaf gestatten, sie zu übermannen.

Denn man bedenke, das was zuerst nur Traum erscheint, kann das Portal sein, welches den Zutritt zu jenen höheren Reichen gestattet, wo allein wahre Vision möglich ist. Wenn man mit seiner Seele beständig aufwärts strebt, werden ihre Sinne allmählich anfangen, sich zu entfalten.

Das Licht im Herzensschrein wird heller und heller brennen, bis endlich das volle ununterbrochene Bewusstsein sich einstellt und dann – wird er nicht mehr träumen; denn sich zum Schlafen niederlegen, wird für ihn nicht heißen, in Vergessenheit zu versinken, sondern einfach – strahlend, freudig, stark in jenes vollere, edlere Leben hineinzuschreiten, wo Ermüdung nie eintritt – wo die Seele fortwährend wächst, selbst wenn seine ganze Zeit im Dienen verbracht wird; denn der Dienst geschieht den großen Meistern der Weisheit, und die große Aufgabe, welche sie ihm setzen, ist: mit aller gegebenen Kraft an ihrem nie aufhörendem Werk zu helfen, die Entwickelung der Menschheit zu fördern und zu leiten.

Nachtrag

Vahan V. 8. März 96. S. 7.

Frage (267): In der Antwort auf Frage 259, die sich auf Träume bezieht – erklärt „A. B." (Annie Besant) dass Eindrücke, welche von außen auf den Geist des Gehirns hervorgerufen werden, dadurch ausgeschlossen werden können, dass man ein Aura-Gehäuse oder Schale um die Körper bildet. Woraus besteht dieses Gehäuse und wie stellt man es am besten her? Umgibt es sowohl den physischen als auch den astralen Körper?

C. W. L. (Leadbeater). Das betr. Gehäuse kann auf verschiedene Weise und aus verschiedenem Material hergestellt werden, je nach dem bestimmten Zweck. Ein Mensch, welcher in vollem Bewusstsein aus seinem leiblichen Körper in den geistigen (Mayavirupa) übertritt, lässt sowohl seinen astralen wie auch seinen physischen Körper zurück und daher scheint es vielleicht sehr natürlich, seinen Körper dadurch zu schützen, dass er die Oberfläche des astralen bis zur Undurchdringlichkeit, verdichtet, obgleich er ebenso leicht ein äußeres Gehäuse aus dem Material des Astralozeans um ihn herum herstellen könnte, und zwar in jeder gewünschten Dichtigkeit.

Auf die letztere Weise wird es auch derjenige machen, der bewusst in seinem Astralkörper austritt, trotzdem in solchem Falle ein Gehäuse aus ätherischer physischer Materie wahrscheinlich für seinen Zweck genügen würde. Eine ebenso gewöhnliche und ebenso wirkungsvolle Methode ist, durch konzentrierte Anstrengung des Willens eine künstliche Elementarform zu bilden, zum Zweck den Körper zu bewachen; eine so hergestellte Elementarform ist ein aufmerksamer und außerordentlich wirksamer Wächterhund. Derjenige, der bewusst auf der Astral-Ebene tätig ist, aber noch unfähig, sein Bewusstsein von der einen auf die andere ungebrochen zurückzubringen, der hat die Wahl zwischen zwei Methoden. Er kann entweder eine künstliche Elementarform vor dem Einschlafen herstellen, wie soeben erwähnt; oder er kann, bevor er seine Reise antritt, und seinen physischen Körper verlässt, ein Gehäuse von komprimierter Astralmasse um ihn herumziehen.

Derjenige Mensch, welcher noch nicht viel Bewusstsein auf der astralen Ebene entwickelt hat, und deshalb nicht in der Lage ist, von seinem Körper sich zu entfernen, wird wahrscheinlich finden, dass es für ihn am Leichtesten ist, sich zu schützen, wenn er sich hinlegt, indem er an die Aura denkt, die ihn umgibt, und energisch will, dass die äußere Oberfläche dieser Aura ein Gehäuse bilde, um ihn vor der Berührung mit äußeren Einflüssen zu schützen. In diesem Fall wird die aurische Materie seinem Gedanken gehorchen; ein Gehäuse wird sich um ihn bilden, und seine Verhältnisse werden sich materiell nicht ändern, wenn er sich in seinem astralen Vehikel von seinem Körper zurückzieht, denn da er nur ganz in der Nähe desselben schweben kann, so umgibt sein Gehäuse beide Körper. Diejenigen, die kein spezielles Studium daraus gemacht haben, verstehen nicht die fürchterliche, ja fast allmächtige Kraft des Gedankens zu würdigen; wenn die Menschen nur begreifen könnten, bis, zu welchem Grad sie es in der Gewalt haben, sich und ihre Umgebung durch stetige feste Gedanken umzugestalten, so wurde es sie nicht länger befriedigen – solch unentwickeltes schwankendes Wesen zu bleiben, wie sie es meistens sind.

Noch wichtiger, als die Bildung eines Gehäuses vor dem Einschlafen, ist die Erwerbung absoluter Herrschaft über die Gedanken; der Geist wird dadurch unempfänglich für den Strom zufälliger Gedanken um ihn her, und reagiert nur noch auf die Anregungen seines eigenen höheren Egos.